Ein globaler Akteur
Die Außenbeziehungen der Europäischen Union

Inhalt

Die globale Rolle der EU

Die Europäische Union ist ein globaler Akteur.

Sie umfasst 450 Millionen Menschen – mehr als die Vereinigten Staaten und Russland zusammen. Sie ist die größte Handelsmacht der Welt und erwirtschaftet ein Viertel des weltweiten Wohlstands. Sie leistet armen Ländern umfangreichere Hilfe als alle anderen Geber. Ihre Währung, der Euro, nimmt gleich nach dem US-Dollar auf den internationalen Märkten den zweiten Platz ein.

Die EU war nicht daraufhin angelegt, eine Weltmacht zu werden. Bei ihrer Gründung nach dem Zweiten Weltkrieg ging es in erster Linie darum, die Nationen und Völker Europas zusammenzu-

bringen. Doch mit der Erweiterung der Union und der Übernahme von mehr Verantwortung musste die EU festlegen, wie sie ihre Beziehungen zur übrigen Welt gestalten will. So wie sich die EU um die Beseitigung von Handelshindernissen, die Entwicklung ärmerer Länder und die Förderung einer friedlichen Zusammenarbeit innerhalb ihrer eigenen Grenzen bemüht hat, arbeitet sie mit anderen Ländern und internationalen Organisationen zusammen, um alle an den Vorteilen von offenen Märkten, wirtschaftlichem Wachstum und Stabilität in einer zunehmend interdependenten Welt teilhaben zu lassen. Zugleich verteidigt die EU auf internationaler Bühne ihre legitimen wirtschaftlichen und handelspolitischen Interessen.

Die Europäische Union arbeitet mit anderen Ländern und internationalen Organisationen wie den Vereinten Nationen zusammen, um Frieden und Wohlstand zu verbreiten.

Heute besteht eine der großen Herausforderungen darin, Frieden und Sicherheit über die Grenzen der Europäischen Union hinaus zu tragen. Um dieser Herausforderung zu begegnen, entwickelt die EU eine Gemeinsame Außen- und Sicherheitspolitik, damit sie als stabilisierende Kraft weltweit für Zusammenarbeit und Verständigung eintreten kann.

Über 40 Jahre lang hat der Kalte Krieg einen Großteil der Welt in zwei Lager gespalten. Auf sein Ende folgte eine komplexere und zerbrechlichere Weltordnung, die der EU einen größeren Einsatz für Konfliktprävention, Friedenssicherung und Terrorismusbekämpfung abverlangt. Die EU leistet einen finanziellen Beitrag zur UN-Zivilverwaltung im Kosovo, unterstützt die

Palästinensische Behörde mit laufenden Zahlungen und trägt mit 1 Mrd. EUR zum Wiederaufbau Afghanistans bei. In den westlichen Balkanländern und in Zentralafrika führte die EU 2003 ihre ersten Missionen im Rahmen ihrer neuen Europäischen Verteidigungs- und Sicherheitspolitik durch. Weitere werden folgen. Indem die EU weltweit bei der Herstellung von Sicherheit und Stabilität hilft, trägt sie auch dazu bei, das Leben innerhalb ihrer eigenen Grenzen sicherer zu machen.

Schließlich zeigt die Europäische Union anschaulich, wie Länder ihre wirtschaftlichen und politischen Ressourcen im gemeinsamen Interesse erfolgreich bündeln können. So dient sie als Modell für die Integration von Ländern in anderen Regionen der Welt.

Entwicklungshilfe: Wer gibt wieviel?

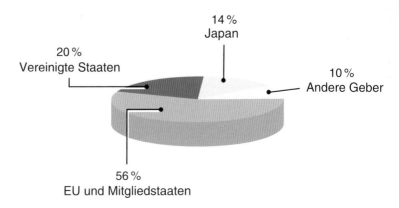

20 %
Vereinigte Staaten

14 %
Japan

10 %
Andere Geber

56 %
EU und Mitgliedstaaten

Quelle: OECD.

4

Funktionsweise der EU-Außenbeziehungen

Seit ihrer Gründung in den 50er Jahren hat die Europäische Union durch eine gemeinsame Handelspolitik, durch Entwicklungshilfe und durch förmliche Handels- und Kooperationsabkommen mit einzelnen Ländern oder regionalen Zusammenschlüssen ihre Beziehungen zur übrigen Welt ausgebaut.

Die EU hat in den 70er Jahren begonnen, Bedürftigen weltweit humanitäre Hilfe zu leisten. Seit 1993 hat sie im Rahmen des Maastrichter Vertrags eine Gemeinsame Außen- und Sicherheitspolitik (GASP) entwickelt, damit sie gemeinsame Maßnahmen ergreifen kann, wenn es um die Interessen der EU insgesamt geht. Die Verteidigungspolitik ist ein zunehmend wichtiger Aspekt der GASP, und die EU bemüht sich um die Förderung und Aufrechterhaltung der Stabilität in der gesamten Welt. Bei der Behandlung von Themen wie Terrorismus, internationale Kriminalität, Drogenhandel, illegale Einwanderung und bei globalen Fragen wie der Umweltproblematik arbeitet die EU auch mit anderen Ländern und internationalen Organisationen eng zusammen.

Die gemeinsame Handelspolitik der EU vollzieht sich auf zwei Ebenen. Zum einen beteiligt sich die Europäische Union innerhalb der Welthandelsorganisation (WTO) aktiv an der Aufstellung von Regeln für das multilaterale Welthandelssystem. Zum anderen handelt die EU mit Ländern oder regionalen Zusammenschlüssen ihre eigenen bilateralen Handelsabkommen aus.

Die EU setzt sich dafür ein, Entwicklungsländern zu helfen, ihre Exporte zu steigern.

Die ursprünglich schwerpunktmäßig auf Afrika ausgerichtete Entwicklungshilfe und Zusammenarbeit wurde Mitte der 70er Jahre auf Asien, Lateinamerika und die südlichen und östlichen Mittelmeerländer ausgeweitet. Dahinter steckt jeweils die Absicht, im Partnerland nachhaltiges Wachstum und Entwicklung zu fördern, damit dieses die zur Bekämpfung und Beseitigung der Armut notwendigen Ressourcen erhält. Die EU hat großes Interesse daran, ihre Partner zu unterstützen und anzuhalten, ihren Erfolg und Wohlstand zu mehren.

Mehr als Handel und Hilfe

Bei den Abkommen der EU mit ihren Partnern weltweit geht es nicht nur um Handel und traditionelle finanzielle und technische Hilfe, sondern auch um wirtschaftliche und andere Reformen sowie um die Unterstützung von Infrastruktur-, Gesundheits- und Bildungsprogrammen. Darüber hinaus liefern diese Abkommen einen Rahmen für den politischen Dialog und enthalten eine Klausel, die es der EU ermöglicht, den Handelsverkehr oder die Hilfe auszusetzen oder zu beenden, wenn das Partnerland Menschenrechte verletzt. Darüber hinaus hat die EU 2003 beschlossen, dass alle neuen Abkommen eine Klausel enthalten müssen, mit der sich die Partner verpflichten, keine Massenvernichtungswaffen zu verbreiten.

Die EU muss sicherstellen, dass die verschiedenen Aspekte ihrer Außenpolitik miteinander harmonieren und eine klare Gesamtbotschaft vermitteln. In diesem Sinne hat sie 1999 einen Hohen Vertreter für die Außen- und Sicherheitspolitik ernannt. Im Juni 2004 einigten sich die Staats- und Regierungschefs der EU im Grundsatz auf die Schaffung des Amtes eines EU-Außenministers. Dabei handelt es sich um eine der neuen Bestimmungen des EU-Verfassungsvertrags.

Förderung der Menschenrechte

Die Europäische Union fördert die Wahrung der Menschenrechte im In- und Ausland. Ihren Schwerpunkt legt sie dabei auf bürgerliche, politische, wirtschaftliche, soziale und kulturelle Rechte. Ferner bemüht sie sich um die Förderung der Rechte von Frauen und Kindern sowie von Minderheiten und Vertriebenen.

Menschenrechte sind Bestandteil der Handels- und Kooperationsabkommen der EU mit ihren Partnern und eine Vorbedingung für Länder, die der EU beitreten wollen. Mit Ländern wie China und Iran hat die EU in den letzten Jahren einen Menschenrechtsdialog geführt. Gegen mehrere Länder wie Serbien, Burma/Myanmar und Simbabwe hat sie wegen Menschenrechtsverletzungen Sanktionen verhängt.

Ferner unterstützt die EU finanziell zahlreiche Maßnahmen zur Verteidigung der Menschenrechte, wie etwa die Europäische Initiative für Demokratie und Menschenrechte, die jährlich 100 Mio. EUR für folgende Maßnahmen ausgibt:

- Stärkung von Demokratie, verantwortungsvollem Regieren und Rechtsstaatlichkeit;
- Unterstützung der weltweiten Abschaffung der Todesstrafe;
- Bekämpfung von Folter und Straflosigkeit sowie Unterstützung internationaler Gerichte und Strafgerichtshöfe;
- Bekämpfung von Rassismus, Fremdenfeindlichkeit und Diskriminierung gegenüber Minderheiten und indigenen Völkern.

Darüber hinaus gewährt die EU niedrigere Einfuhrzölle für Länder, die die von der Internationalen Arbeitsorganisation festgelegten grundlegenden Arbeitsbedingungen und Arbeitsnormen einhalten.

Menschenrechte gelten für alle.

Gemeinsame Außen- und Sicherheitspolitik

Die Leitidee, dass ein starkes Europa auf der Weltbühne als Einheit auftreten sollte, hat die Mitgliedstaaten ermuntert, bei der Entwicklung eines schlüssigen außenpolitischen Konzepts zusammenzuarbeiten. Dabei wurden im Laufe der Jahre langsam, aber ständig Fortschritte erzielt.

Der erste Schritt war ein ehrgeiziger, aber erfolgloser Versuch, Anfang der 50er Jahre mit den sechs Gründungsmitgliedern der Europäischen Union eine Europäische Verteidigungsgemeinschaft einzurichten. Darauf folgte ein 1970 eingeleiteter Prozess der so genannten „Europäischen Politischen Zusammenarbeit", mit der die Standpunkte der Mitgliedstaaten zu aktuellen außenpolitischen Fragen koordiniert werden sollten. So formulierten die EU-Länder gemeinsame Standpunkte, wenn sie dazu in der Lage waren. Zu besonders heiklen Fragen jedoch war es nicht immer möglich, den erforderlichen einstimmigen Beschluss herbeizuführen.

In den letzten 15 Jahren hat die EU vermehrte Anstrengungen unternommen, international eine politische und sicherheitspolitische Rolle zu spielen, die stärker ihrem wirtschaftlichen Status entspricht. Die Konflikte, die nach dem Fall der Berliner Mauer 1989 in Europa ausgebrochen sind, haben die Staats- und Regierungschefs der EU von der Notwendigkeit wirksamer gemeinsame Maßnahmen überzeugt. In jüngerer Zeit hat die Bekämpfung des internationalen Terrorismus diese Überzeugung gestärkt.

Die Lehren der Balkankonflikte

Der Grundsatz einer Gemeinsamen Außen- und Sicherheitspolitik (GASP) wurde 1992 im Maastrichter Vertrag verankert. Nur ein paar Monate später brach im ehemaligen Jugoslawien der Krieg aus. Die Europäische Union versuchte erfolglos, eine politische Lösung der Krise zu vermitteln. Da die EU über keine eigenen militärischen Kräfte verfügte, konnten ihre Mitgliedstaaten

Maßnahmen gegen Landminen

Im Dezember 1997 unterzeichneten 122 Staaten in der kanadischen Hauptstadt Ottawa ein Übereinkommen über das Verbot des Einsatzes, der Herstellung, der Weitergabe und der Lagerung von Antipersonenminen, das am 1. März völkerrechtliche Gültigkeit erlangte.

Internationale Maßnahmen zur Minenbekämpfung helfen, weltweit Frieden und Stabilität zu fördern und das menschliche Leiden in von Minen betroffenen Regionen zu lindern. Für die Europäische Union, die allein in den Jahren 2000-2002 mit 40 Mio. EUR zu diesen Anstrengungen beigetragen hat, stellen sie nach wie vor eine oberste Priorität dar.

nur im Rahmen der UN- und NATO-Kräfte eingreifen, die später in die Region entsandt wurden.

Die Lehren aus dieser Erfahrung gingen nicht verloren. Vor dem Hintergrund der Balkankriege und der Konflikte in Afrika in den 90er Jahren schuf die EU innerhalb des Gesamtenrahmens der GASP eine Europäische Sicherheits- und Verteidigungspolitik (ESVP).

Im Rahmen der ESVP können Militär- oder Polizeikräfte in Krisenregionen entsandt werden, um humanitäre Einsätze, friedenserhaltende Maßnahmen, Krisenbewältigungseinsätze und sogar friedenschaffende Maßnahmen durchzuführen. Die militärischen Maßnahmen werden durch eine schnelle Eingreiftruppe der EU durchgeführt, die von der NATO getrennt ist, aber auf deren Ressourcen zurückgreifen kann.

Die ersten Missionen im Rahmen der ESVP erfolgten im ehemaligen Jugoslawien, dort wo die EU zuvor gescheitert war. Eine EU-Polizeimission löste im Januar 2003 eine Task Force aus UN-Polizeibeamten in Bosnien und Herzegowina ab, und drei Monate später übernahm eine EU-Militärtruppe die Aufgaben der NATO in der ehemaligen jugoslawischen Republik Mazedonien.

© EKA

Mittlerweile ist die EU in der Lage, militärische Friedenskräfte zu entsenden.

Im Laufe der Jahre wurden Anstrengungen unternommen, die Art der Entscheidungsfindung im Rahmen der GASP zu rationalisieren. Doch für die wichtigsten Beschlüsse ist nach wie vor Einstimmigkeit nötig, die mit 15 EU-Mitgliedern bereits schwer zu erzielen war und nun mit 25 noch schwieriger zu erreichen sein wird. Trotz ihres Bekenntnisses zur GASP fällt es den Regierungen der Mitgliedstaaten bisweilen schwer, ihre eigene nationale Politik im Namen der europäischen Solidarität zu ändern. Wie schwierig dies sein kann, zeigte sich an den tief greifenden Divergenzen der EU-Mitgliedstaaten im Frühjahr 2003 in der Frage, ob der UN-Sicherheitsrat den Krieg gegen Irak unter Führung der USA genehmigen sollte.

Bei ihrem Gipfeltreffen im Dezember 2003 haben die Staats- und Regierungschefs der EU eine Europäische Sicherheitsstrategie angenommen. Darin wird anerkannt, dass für die Bürger in Europa und anderswo potenzielle Bedrohungen durch Terrorismus, Verbreitung von Massenvernichtungswaffen und illegale Einwanderung bestehen. Jede Art von Bedrohung bedarf einer geeigneten Antwort, die oft internationale Zusammenarbeit erforderlich macht.

Vorbeugen ist besser als Heilen

Der Preis gewalttätiger Konflikte ist unerträglich hoch: menschliches Leid, Zerstörung, Ressourcenverschwendung. In den 90er Jahren kosteten sieben gewalttätige Konflikte die internationale Gemeinschaft 200 Mrd. EUR, die sonst für friedliche Zwecke hätten verwendet werden können. Deshalb ist die Europäische Union entschlossen, wirksamer zu handeln, um in erster Linie zu verhindern, dass Konflikte auftreten.

Die EU nutzt bereits ein breites Spektrum traditioneller Instrumente, darunter technische und finanzielle Hilfe in Entwicklungsländern, wirtschaftliche Zusammenarbeit und Handelsbeziehungen, humanitäre Hilfe, Sozial- und Umweltpolitik sowie diplomatische Instrumente wie politischen Dialog und Vermittlung. Doch um potenziellen Konflikten vorzugreifen, setzt sie auch neue Instrumente ein, die die ESVP zur Verfügung stellt, wie die Sammlung von Informationen und die Überwachung internationaler Abkommen.

In einer Welt, in der Macht nicht unbedingt mehr Sicherheit bedeutet, muss die EU in der Lage sein, rasch und mit richtig abgestimmten Instrumenten auf etwaige Lageänderungen zu reagieren.

Handel nutzt allen

Die Europäische Union ist die größte Handelsmacht der Welt und wickelt 20 % der weltweiten Importe und Exporte ab. Freihandel zwischen ihren Mitgliedstaaten hat vor knapp 50 Jahren geholfen, die EU auf den Weg zu bringen, und ihren Mitgliedstaaten zunehmenden Wohlstand beschert. Daher unterstützt die Union an führender Stelle die Anstrengungen zur Öffnung des Welthandels, von der reiche und arme Länder gleichermaßen profitieren.

Es kann davon ausgegangen werden, dass zunehmender Handelsverkehr das weltweite Wachstum zum Nutzen aller ankurbelt. Den Verbrauchern bietet er eine breitere Warenpalette zur Auswahl an. Wettbewerb zwischen importierten und lokalen Erzeugnissen senkt die Preise und hebt die Qualität. Die EU ist der Auffassung, dass die Globalisierung für alle, auch für die Entwicklungsländer, wirtschaftliche Vorteile bringen kann, sofern auf multilateraler Ebene geeignete Regeln aufgestellt und Anstrengungen unternommen werden, die Entwicklungsländer in den Welthandel einzubeziehen.

Deshalb verhandelt die Europäische Union mit ihren Partnern über die Öffnung des Warenhandels und auch des Dienstleistungsverkehrs. Die EU will Entwicklungsländern helfen, indem sie ihnen zum einen kurzfristig einen besseren Zugang zu ihren Märkten einräumt und zum anderen mehr Zeit gewährt, um ihre eigenen Märkte für europäische Waren zu öffnen. Gleichzeitig reformiert die EU ihre Agrarpolitik, und auch das wird den Entwicklungsländern zugute kommen.

Die Länder in Afrika, im karibischen Raum und im Pazifischen Ozean pflegen eine besondere Beziehung zur Europäischen Union.

Ein Mannschaftsspieler

Ein Mannschaftssport benötigt gleiche Ausgangsbedingungen, Regeln, die alle Mannschaften anerkennen, und einen Schiedsrichter, der für ein faires Spiel sorgt. Deshalb unterstützt die EU entschlossen die Welthandelsorganisation (WTO), die ein Regelwerk festlegt, mit dem der Welthandel liberalisiert und eine gerechte Behandlung aller Teilnehmer gewährleistet werden soll. Obwohl wahrnehmbarer Verbesserungsbedarf besteht, bietet dieses System für die Abwicklung des internationalen Handelsverkehrs ein gewisses Maß an Rechtssicherheit und Transparenz. Außerdem sieht die WTO ein Streitbeilegungsverfahren vor, wenn zwischen zwei oder mehreren Handelspartnern Streitigkeiten auftreten.

Die EU hat sich in den aufeinander folgenden multilateralen Verhandlungsrunden zur Liberalisierung des Welthandels zu einem zentralen Akteur entwickelt. Sie misst der laufenden Runde, der 2001 eingeleiteten so genannten „Entwicklungsrunde von Doha", besondere Bedeutung bei. Deren Ziel ist es, Hindernisse des Freihandels insbesondere zu Gunsten der Entwicklungsländer zu beseitigen.

Handelspolitik über Doha hinaus

Handelsregeln sind multilaterale Regeln, der Handel selbst jedoch läuft bilateral ab – zwischen Käufern und Verkäufern, Exporteuren und Importeuren. Aus diesem Grund hat die Europäische

Union ein Netz bilateraler Handelsabkommen mit einzelnen Ländern und Regionen in der ganzen Welt aufgebaut. Die Erweiterung der EU von 15 auf 25 Mitglieder im Jahr 2004 verleiht ihr insbesondere gegenüber ihren Nachbarn in Osteuropa und im Mittelmeerraum als Handelspartner zusätzliches Gewicht.

Die Handelspolitik der EU hängt eng mit ihrer Entwicklungspolitik zusammen. Beide Politikbereiche treffen aufeinander, wenn die Union ihren Teil der Verantwortung trägt, um Entwicklungsländern bei der Bekämpfung der Armut und der Einbeziehung in die Weltwirtschaft zu helfen.

Bereits seit langem hat sie erkannt, dass Handel wirtschaftliches Wachstum und die Produktionskapazitäten armer Nationen steigern kann. Bereits 1971 hat die EU im Rahmen ihres „Allgemeinen Präferenzsystems" (APS) begonnen, Zölle und mengenmäßige Beschränkungen auf ihre Einfuhren aus Entwicklungsländern abzubauen. Darüber hinaus gewährt die Union durch ihre 2001 eingeleitete Initiative „Alles außer Waffen" den 49 am wenigsten entwickelten Ländern freien Zugang zum EU-Markt für all deren Waren außer Waffen.

Die besondere Handels- und Hilfebeziehung zwischen der EU und ihren 78 Partnern in Afrika, im karibischen Raum und im Pazifischen Ozean (der AKP-Gruppe) geht auf das Jahr 1975 zurück und gilt als Vorbild dafür, wie reiche Länder ärmeren Ländern helfen können

Beseitigung der Armut durch nachhaltige Entwicklung

Rund die Hälfte der Gelder, die ausgegeben werden, um armen Ländern zu helfen, stammt aus der Europäischen Union oder ihren einzelnen Mitgliedstaaten und macht die EU weltweit zum größten Geber von Entwicklungshilfe. Doch bei der Entwicklungshilfe geht es nicht nur um die Bereitstellung von sauberem Trinkwasser und geteerten Straßen, so wichtig beides auch sein mag. Es geht auch darum, Entwicklungsländern zu helfen, ihre Handelsbilanzen zu verbessern, indem ihnen besserer Zugang zum EU-Markt gewährt wird. Das soll sie in die Lage versetzen, ihren Außenhandel auszubauen und zu stärken und so von der Globalisierung zu profitieren.

Dieses Unterfangen ist nicht allen gelungen. Zwar unterhalten die Staaten in Afrika, im karibischen Raum und im Pazifischen Ozean (AKP) eine Sonderbeziehung zur Europäischen Union, doch ist ihr Anteil an den EU-Märkten kontinuierlich gefallen, und sie wurden im Welthandel zunehmend an den Rand gedrängt.

Water for life

Die Frage des Zugangs zu Wasser und einer gerechten gemeinsamen Nutzung grenzüberschreitender Wasserressourcen ist in allen Regionen der Welt von Bedeutung und gehört zu den größten entwicklungspolitischen Herausforderungen des 21. Jahrhunderts. Die 2001 eingeleitete EU-Initiative *Water for Life* soll den ärmsten Regionen der Welt insbesondere in Afrika, aber auch im Kaukasus und in Zentralasien, im Mittelmeerraum und in Lateinamerika Trinkwasser und Abwasserentsorgung bringen. Zur Finanzierung dieser Initiative hat die EU 1 Mrd. EUR zur Verfügung gestellt.

Der Zugang zu Wasser ist eine weltweite Herausforderung.

Aus diesem Grund konzentriert sich die Entwicklungsstrategie der EU auch darauf, ärmeren Ländern bei der Verbesserung ihrer Infrastruktur, der Entwicklung ihres Produktionspotenzials und der Steigerung der Effizienz ihrer öffentlichen Verwaltung und Einrichtungen zu helfen. Mit dieser Unterstützung werden einige in der Lage sein, Handelschancen zu nutzen und zum Ausbau ihrer wirtschaftlichen Grundlage mehr ausländische Investitionen anzuziehen. Dies ist eine wesentliche Voraussetzung, um die Länder zu befähigen, sich in die Weltwirtschaft einzugliedern und nachhaltiges Wachstum und Entwicklung zu erreichen.

Ein konkretes Beispiel dafür, wie die Union Handel und Hilfe auf neue Weise kombiniert, ist die nächste Generation „Wirtschaftspartnerschaftsabkommen", die derzeit mit den AKP-Ländern ausgehandelt werden und bis 2008 in Kraft treten sollen. Hinter ihnen steckt die Absicht, den AKP-Ländern bei der Integration mit ihren regionalen Nachbarn als Schritt hin zur globalen Integration zu helfen und sie beim Aufbau institutioneller Kapazitäten und der Anwendung der Grundsätze verantwortungsvollen Regierens zu unterstützen. Gleichzeitig wird die EU weiterhin ihre Märkte für Waren aus AKP-Ländern und anderen Entwicklungsländern öffnen.

Hohe Summen

Die Europäische Union und ihre Mitgliedstaaten zahlen jährlich über 30 Mrd. EUR öffentliche Hilfe an Entwicklungsländer, von denen rund 6 Mrd. EUR über die Einrichtungen der EU abgewickelt werden. Die Union hat sich verpflichtet, bis 2006 den jährlichen Gesamtbetrag auf 39 Mrd. EUR anzuheben. Zwar haben sich die EU-Mitglieder wie andere Industrieländer auch dem Ziel verschrieben, 0,7 % ihres BIP jährlich für Hilfe auszugeben, doch lediglich Dänemark, Luxemburg, die Niederlande und Schweden haben dieses Ziel erfüllt. Die anderen haben zugesagt aufzuholen. Der Durchschnitt für die EU insgesamt liegt bei 0,34 % und damit höher als der der Vereinigten Staaten oder Japans.

Letzten Endes geht es der EU politisch darum, den Menschen in den am wenigsten fortgeschrittenen Ländern die Kontrolle über ihre eigene Entwicklung zu geben. Deshalb lauten die Prioritäten der EU: Bekämpfung der Ursachen der Anfälligkeit dieser Länder, bessere Nahrungsmittel und sauberes Wasser, bessere Infrastruktur und eine bessere Umwelt. EU-Maßnahmen zielen außerdem auf die Beseitigung von Krankheiten und den Zugang zu billigen Arzneimitteln ab, um Geißeln wie HIV/Aids zu bekämpfen. Ferner strebt die EU eine Erleichterung der Schuldenlast armer Länder an.

Im Bewusstsein, dass Frieden eine Grundvoraussetzung für nachhaltige Entwicklung ist, hat die Union 2004 beschlossen, zur Unterstützung der friedenserhaltenden Maßnahmen und der Konfliktpräventionseinsätze Afrikas einen mit 250 Mio. EUR dotierten Fonds einzurichten, der als „Friedensfazilität" bezeichnet wird.

Humanitäre Hilfe

Praktisch jede Woche füllen Bilder natürlicher oder von Menschen verursachter Katastrophen unsere Nachrichtensendungen im Fernsehen und die Titelseiten unserer Zeitungen. Die Europäische Union steht im Mittelpunkt eines Netzwerks, das die Aufgabe hat, das von diesen Katastrophen verursachte menschliche Leid zu lindern. Humanitäre Hilfe der EU ist nicht an Bedingungen gebunden, sondern soll Opfern so schnell wie möglich helfen – unabhängig von deren Rasse, Religion oder den politischen Überzeugungen ihrer Regierung.

Die EU ist an allen Unruheherden im Einsatz, auch im Irak, in Afghanistan, den Palästinensischen Gebieten und mehreren Teilen Afrikas. Ihre Hilfemaßnahmen erfolgen zum Teil in Regionen weit ab von den Kameras der Weltmedien in so genannten vergessenen Krisengebieten wie beispielsweise im nördlichen Kaukasus (besonders in Tschetschenien), in Tadschikistan in Zentralasien, in Nepal, Sri Lanka und Zentralamerika.

Außerdem nutzt die Union ihre Erfahrungen, um armen Bevölkerungsgruppen in Ländern und Regionen, die durch Erdbeben, Orkane, Hochwasser oder Dürre stark gefährdet sind, bei der Vorbereitung auf mögliche Katastrophen zu helfen.

Die EU wickelt ihre Soforthilfegelder über ihr Amt für humanitäre Hilfe (ECHO) ab. Seit seiner Einrichtung 1992 sah sich ECHO in über 100 Ländern weltweit ernsten Krisen gegenüber und hat den Opfern so schnell wie möglich notwendige Ausrüstung und Soforthilfegüter zur Verfügung gestellt. Aus seinem Jahreshaushalt von über

Katastrophenopfer ohne Unterkunft erhalten von der EU Soforthilfe.

500 Mio. EUR finanziert ECHO außerdem Ärzteteams, Minenräumungsexperten, Transporte und logistische Unterstützung.

ECHO verfügt nicht über die nötigen Ressourcen, um all diese Arbeit allein zu leisten. Deswegen arbeitet das Amt eng mit humanitären Partnerorganisationen – Nichtregierungsorganisationen, UN-Sondereinrichtungen und der Rotkreuz-/Roter-Halbmond-Bewegung – zusammen, um Nahrungsmittel und Ausrüstung bereitzustellen, Rettungsteams zu entsenden, Feldlazarette aufzuschlagen und provisorische Kommunikationssysteme einzurichten.

Weltweite Zusammenarbeit

Humanitäre Hilfe ist nur ein Bereich, in dem die EU mit internationalen Organisationen wie den Vereinten Nationen, der WTO, der NATO, der Organisation für Sicherheit und Zusammenarbeit in Europa (OSZE), dem Europarat und regionalen Organisationen in Afrika, Amerika, Asien und im Pazifik zusammenarbeitet.

Die Europäische Union ist überzeugt, dass globale Probleme multilateraler Lösungen bedürfen. Daher misst sie einem wirksamen Multilateralismus mit einer starken Organisation der Vereinten Nationen im Zentrum große Bedeutung bei. Die Vereinten Nationen mit ihrem universellen Mandat und ihrer universellen Legitimität sind auf einzigartige Weise berufen, sich unseren gemeinsamen Herausforderungen zu stellen.

Die EU-Mitgliedstaaten unterstützen mit Nachdruck die von den Vereinten Nationen im September 2000 angenommenen Millenniums-Entwicklungsziele:

* Armut und Hunger beseitigen;
* allen Menschen eine Grundschulausbildung vermitteln;
* die Gleichstellung der Geschlechter und das Empowerment von Frauen fördern;
* die Kindersterblichkeit reduzieren;
* die Gesundheit von Müttern verbessern;
* HIV/Aids, Malaria und andere Krankheiten bekämpfen;
* Nachhaltigkeit in der Umweltpolitik gewährleisten;
* eine globale Partnerschaft für Entwicklung begründen.

Die EU als Organisation ist bemüht, dieses Ziel zu fördern, und stützt sich dabei auf folgende sechs Prioritätsbereiche, in denen sie ihre besondere Erfahrung nutzen kann:

* Handel und Entwicklung;
* regionale Zusammenarbeit;
* Armutsverringerungsstrategien zur Unterstützung des Gesundheits- und Bildungswesens;
* Verkehrsinfrastruktur;
* Ernährungssicherheit und nachhaltige ländliche Entwicklung;
* Aufbau institutioneller Kapazitäten, verantwortungsvolles Regieren und Rechtsstaatlichkeit.

Unsere Partner in der Welt

Die Europäische Union verfügt über ein Netz von Assoziations-, Kooperations- und Handelsabkommen, die den gesamten Globus überziehen, von den unmittelbaren Nachbarn in Europa bis hin zu den entferntesten Partnern in Asien und im Pazifik. Um diese Beziehungen zu pflegen, veranstaltet die EU regelmäßige Gipfeltreffen oder Ministerzusammenkünfte mit ihren wichtigen Partnern.

Die intensivsten Beziehungen bestehen zu den vier westlichen EU-Nachbarn: der Schweiz, Norwegen, Island und Liechtenstein. Sie alle sind Mitglieder der Europäischen Freihandelszone (EFTA), die sich an weite Teile der EU-Binnenmarktvorschriften angeglichen haben und der EU in anderen Politikbereichen folgen. Alle bis auf die Schweiz nehmen neben der EU auch am Europäischen Wirtschaftsraum (EWR) teil.

Vorbereitung auf künftige Erweiterungen

Vier südosteuropäische Länder bewerben sich um die Mitgliedschaft in der Europäischen Union. Bulgarien und Rumänien werden voraussichtlich 2007 der Union beitreten. Der Zeitplan für den Beitritt der Türkei ist nicht so klar. Die Türkei ist einer der ältesten Handelspartner der EU und hat seit 1963 ein Assoziationsabkommen, das inzwischen eine Zollunion umfasst. Sie hat 1987 den Beitritt zur EU beantragt. Das vierte Land, Kroatien, wurde von der EU im Juni 2004 als Kandidat angenommen. Der Beitrittstermin Kroatiens hängt von der Geschwindigkeit der Beitrittsverhandlungen ab.

Mit der ehemaligen jugoslawischen Republik Mazedonien hat im März 2004 ein weiteres westliches Balkanland einen Aufnahmeantrag gestellt. Ein solcher Antrag ist der erste Schritt, um als Kandidatenland akzeptiert zu werden.

Die Europäische Union und die westlichen Balkanländer haben zusammen einen „Stabilisierungs- und Assoziierungsprozess" ins Leben gerufen, der neben Kroatien und der ehemaligen jugoslawischen Republik Mazedonien auch Albanien, Bosnien und Herzego-

Die Türkei ist ein führender Kandidat für den EU-Beitritt.

© Grant Faint / Getty Images

17

Russland ist das größte Nachbarland in nächster Nähe der EU.

Hürden zwischen der erweiterten Union und ihren Nachbarn errichtet werden. Deswegen bereitet sich die EU darauf vor, engere Verbindungen zu ihren Nachbarn im Osten (Russland, Ukraine, Moldau und gegebenenfalls Belarus) und im Süden (den Mittelmeerländern) aufzubauen.

Im Rahmen ihrer „Europäischen Nachbarschaftspolitik" plant die EU, viele Vorteile ihres Binnenmarkts auf diese Länder auszudehnen und ihnen zusätzliche Handelszugeständnisse und Finanzhilfe anzubieten. Im Gegenzug sollen die Nachbarn der EU stärkere Verpflichtungen im Hinblick auf demokratische Reformen und Marktwirtschaft eingehen und die Menschenrechte besser achten. Im Zuge der Erweiterung erhält die EU unmittelbaren Kontakt zu ihren von politischer und sozialer Instabilität geprägten Nachbarn. Darauf reagiert sie, indem sie mit diesen Nachbarn Wohlstand und Stabilität teilt und so ihre eigene Sicherheit festigt.

Da es sich bei den Nachbarn um Durchgangsländer für illegale Einwanderer, Drogenhändler und Menschenschleuser handelt, hilft die EU vielen unter ihnen, ihre Grenzkontrollen und ihre Einreiseverfahren zu stärken.

Russland, die Ukraine, Moldau und die meisten Länder im südlichen Kaukasus und in Zentralasien haben mit der EU Abkommen über Handel, politische Zusammenarbeit, Umweltschutz und Zusammenarbeit in wissenschaftlichen und kulturellen Angelegenheiten

wina sowie Serbien und Montenegro einbezieht. Bis das Endziel einer künftigen EU-Mitgliedschaft erreicht ist, wurde diesen Ländern freier Zugang zum EU-Markt gewährt, und sie erhalten EU-Hilfe für innenpolitische Reformprogramme. Als nächsten Schritt können sie, so wie das Kroatien und die ehemalige jugoslawische Republik Mazedonien bereits getan haben, „Stabilisierungs- und Assoziierungsabkommen" mit der Union aushandeln, bevor sie schließlich die EU-Mitgliedschaft beantragen.

Eine freundliche Nachbarschaft

Die Europäische Union ist entschlossen sicherzustellen, dass durch die Erweiterung von 2004 und alle folgenden Erweiterungen keine neuen abgeschlossen. Mit Russland als ihrem größten Nachbarn arbeitet die EU einen umfassenden Plan für Zusammenarbeit auf zahlreichen Gebieten aus.

Ferner kommen diese Länder in den Genuss des EU-Hilfeprogramms Tacis, das im Zeitraum 2000-2006 mit 3,14 Mrd. EUR ausgestattet ist. Die Mittel dieses Programms sind für institutionelle Reformen, Infrastrukturnetze, die Entwicklung des Privatsektors, Umweltschutz und die ländliche Wirtschaft vorgesehen.

Im Rahmen des „Barcelona-Prozesses" hat sich die EU verpflichtet, bis 2010 mit ihren Mittelmeer-Nachbarn eine Freihandelszone zu errichten. Diese soll die arabischen Länder im südlichen und östlichen Mittelmeerraum sowie Israel und die Palästinensischen Gebiete umfassen. Die Öffnung des Handelsverkehrs zwischen der Union und ihren einzelnen Partnern ist im Gange, und Letztere ergreifen Maßnahmen, um ihren Handelsverkehr untereinander auszubauen. So haben beispielsweise Ägypten, Marokko, Jordanien und Tunesien 2004 mit dem „Agadir-Abkommen" ein gegenseitiges Freihandelsabkommen unterzeichnet.

Im Mittleren Osten hat die EU ein Freihandelsabkommen mit den sechs Ländern des Golfkooperationsrates (Bahrain, Kuwait, Oman, Katar, Saudi-Arabien und den Vereinigten Arabischen Emiraten) ausgehandelt. Ferner unterstützt die EU die Wiederaufbaubemühungen im Irak.

Transatlantische Bande

Die transatlantische Partnerschaft mit den Vereinigten Staaten ist eine zentrale Komponente der Außenbeziehungen der EU. Die Handels- und Investitionsströme über den Atlantik hinweg weisen ein Volumen von knapp 1 Mrd. EUR täglich auf. Washington unterstützt seit langem das europäische Aufbauwerk. Die EU und die Vereinigten Staaten teilen viele gemeinsame Werte und Interessen, wenngleich ihre Schwerpunktsetzung und ihre Konzepte bisweilen voneinander abweichen.

Angesichts des Volumens ihres bilateralen Handelsverkehrs (die Vereinigten Staaten nehmen 25 % der EU-Exporte ab und liefern 20 % ihrer Importe) ist es nicht überraschend, dass zwischen beiden von Zeit zu Zeit Streit ausbricht. Zwar machen diese Streitigkeiten Schlagzeilen, doch beziehen sie sich auf weniger als 2 % des gesamten transatlantischen Handelsvolumens. Die Art und Weise, wie die EU und die Vereinigten Staaten gemeinsam Probleme des Wettbewerbsrechts oder der gegenseitigen Anerkennung technischer Standards gelöst haben, diente den Beziehungen der EU zu anderen Ländern wie etwa Japan und Kanada als Vorbild.

Mit Kanada hat die EU 2004 bahnbrechende Initiativen zur Vertiefung ihrer Beziehungen eingeleitet. Die eine bezieht sich auf die Aufstellung einer EU-Kanada-Partnerschaftsagenda für die Zusammenarbeit zu globalen Problemen, die andere auf die Aushandlung eines neuen Abkommens zur Intensivierung von Handel und Investitionen zwischen beiden Seiten.

*Singapur: Tor zur
Wirtschaft in Asien.*

Asien rückt näher

Zwar sind China und Japan die größten Handelspartner der EU in Asien, doch besteht ihre längste Partnerschaft mit den sieben Mitgliedern der Vereinigung der südostasiatischer Nationen (ASEAN). Diese Beziehungen begannen 1972 und wurden 1980 in einem Kooperationsabkommen verankert. Auf Initiative der ASEAN wurden die Beziehungen zur EU im Rahmen des so genannten ASEM-Prozesses (Asien-Europa-Zusammenkunft) erweitert, an dem auch Japan, China und Südkorea teilnehmen. Gipfeltreffen der ASEM finden alle zwei Jahre statt.

In den letzten Jahren hat die EU ihre Beziehungen zu Japan intensiviert. Mit einem 2001 angenommenen EU-Japan-Aktionsplan wird das Spektrum der bilateralen Zusammenarbeit über Handel und Investitionen hinaus auf politische und kulturelle Angelegenheiten ausgeweitet. Europa ist inzwischen eine wichtige Quelle ausländischer Direktinvestitionen in Japan und erhält aus Japan die meisten ausländischen Investitionen –

noch vor den Vereinigten Staaten und China.

In Einklang mit der zunehmenden Bedeutung der EU und Chinas als globale politische Akteure sind deren Beziehungen in den letzten Jahren dynamisch gewachsen, wobei der politische Dialog, sektorbezogene Abkommen und institutionelle Austauschmaßnahmen stärker im Vordergrund stehen. Handelspolitisch gesehen ist China inzwischen nach den Vereinigten Staaten und vor Japan der zweitgrößte Handelspartner der EU außerhalb Europas. Die EU ist eine der wichtigsten Quellen ausländischer Investitionen in China.

Für Indien ist die EU der wichtigste Handelspartner und tätigt die meisten ausländischen Investitionen. Seit ihrem ersten Gipfeltreffen im Juni 2000 florieren die Beziehungen zwischen beiden Seiten und umfassen inzwischen nicht nur Handel, sondern auch politischen Dialog, Unternehmensgipfeltreffen, kulturelle Zusammenarbeit und gemeinsame Forschungsprojekte.

Verbindungen zu Lateinamerika

Die Europäische Union ist für Lateinamerika zweitwichtigster Handelspartner, wichtigste Quelle ausländischer Direktinvestitionen und führender Entwicklungshilfegeber für die Region.

Alle zwei Jahre halten die EU und alle Länder Lateinamerikas und der Karibik biregionale Gipfeltreffen ab, die eine breite Themenpalette abdecken: Politik, Wirtschaft, Bildung, Wissenschaft, Technologie, Kultur und Soziales. Alle lateinamerikanischen Länder sind mit der EU inzwischen als Gruppen oder einzeln durch Assoziations-, Kooperations- oder Handelsabkommen verbunden.

Mit dem Mercosur (Brasilien, Argentinien, Paraguay und Uruguay) hat die EU ein Assoziationsabkommen ausgehandelt, das die Einrichtung einer Freihandelszone zwischen beiden Zusammenschlüssen vorsieht.

China und Indien nehmen an Galileo teil

China und Indien haben beschlossen, am EU-Satellitennavigationssystem Galileo teilzunehmen. Das ist ein Zeichen des Wunsches der asiatischen Länder, über bloße Handelsbeziehungen mit der Europäischen Union hinauszugehen.

Das Galileo-System, das 2008 einsatzfähig sein soll, stellt eine präzise Alternative zum US-Netz globaler Ortungssatelliten (GPS) dar. Galileo wird hauptsächlich für die geografische Ortsbestimmung von Fahrzeugen und anderen Verkehrsmitteln sowie für wissenschaftliche Forschung, Landnutzung und Katastrophenüberwachung eingesetzt. Ferner umfasst es staatliche Anwendungskomponenten, die nur den EU-Mitgliedstaaten zugänglich sind.

Galileo umkreist die Erde.

Ende 2003 hat die EU zwei getrennte Abkommen über politischen Dialog und Zusammenarbeit geschlossen: eines mit der Andengemeinschaft und das andere mit Zentralamerika. Im nächsten Schritt werden mit beiden Regionen Assoziationsabkommen ausgehandelt. Mit Mexiko und Chile hat die Europäische Union bereits Assoziationsabkommen (und auch Freihandelsvereinbarungen), die 1997 bzw. 2002 unterzeichnet wurden.

Partnerschaft mit Afrika

Neben ihren traditionellen Verbindungen zu den afrikanischen Ländern über die Mittelmeerabkommen oder die AKP-Beziehung hat die EU einen neuen Dialog mit der Afrikanischen Union (AU) aufgenommen. Er umfasst Konfliktprävention und Konfliktlösung sowie die Unterstützung der Anstrengungen der AU und der Vereinten Nationen zur Erhaltung des Friedens auf dem Kontinent durch die EU.

Die EU-Afrika-Partnerschaft umfasst auch regionale wirtschaftliche Zusammenarbeit und Integration sowie Handel, die Bekämpfung von Dürre und Desertifikation, Maßnahmen gegen HIV/Aids und übertragbare Krankheiten, Ernährungssicherheit, Menschenrechte und Demokratie sowie den Krieg gegen den Terrorismus.

Zur Vertiefung

Weitere Informationen zu den verschiedenen Aspekten der Außenbeziehungen der Europäischen Union sind auf der Webseite **europa.eu.int/comm/world** abrufbar. Hier finden Sie Näheres über die Themen Außenpolitik, Erweiterung, Außenhandel, Entwicklungspolitik, humanitäre Hilfe und Menschenrechte.

Weitere Informationen über die Gemeinsamen Außen- und Sicherheitspolitik finden sich unter folgender Adresse: **http://ue.eu.int/pesc.**

Europäische Kommission

Ein globaler Akteur
Die Außenbeziehungen der Europäischen Union

Reihe Europa in Bewegung

Luxemburg: Amt für amtliche Veröffentlichungen der Europäischen Gemeinschaften

2004 – 22 S. – 16,2 x 22,9 cm

ISBN 92-894-7412-2

Allein ihr wirtschaftliches, handelspolitisches und finanzielles Gewicht macht die Europäische Union zu einem globalen Akteur. Sie unterhält ein Netz von Abkommen mit den meisten Ländern und Regionen der Welt. Die EU ist die größte internationale Handelsmacht, verfügt mit dem Euro über die zweitwichtigste Währung der Welt und gibt monatlich 500 Mio. EUR für Hilfeprojekte auf allen fünf Kontinenten aus.

Die Europäische Union ist dabei, eine Gemeinsame Außen- und Sicherheitspolitik einzurichten, damit ihre Mitglieder auf internationaler Bühne mit vereinten Kräften für Stabilität, Zusammenarbeit und Verständigung eintreten können. Zugleich entwickelt die EU eine Verteidigungskapazität und hat ihre ersten Friedenseinsätze durchgeführt. Außerdem engagiert sie sich bei der Terrorismusbekämpfung.

Indem die EU bei der Herstellung von Sicherheit und Stabilität hilft, trägt sie auch dazu bei, das Leben der Bevölkerung in ihren eigenen Grenzen sicherer zu machen.

Besonders aktiv setzt sich die EU für die Förderung der menschlichen Aspekte der internationalen Beziehungen wie Solidarität, Menschenrechte und Demokratie ein.

Weitere Informationen über die Europäische Union:

 Information in allen Sprachen der Europäischen Union sind erhältlich über den Internet-Server Europa: **europa.eu.int**

 Über ganz Europa verteilt gibt es hunderte von örtlichen Informationszentren. Das für Sie am nächsten gelegene Infozentrum finden Sie hier: **europa.eu.int/comm/relays/index_de.htm**

 EUROPE DIRECT will Ihnen helfen, Antworten auf Ihre Fragen zur Europäischen Union zu finden. Sie können diesen Dienst über die gebührenfreie Telefonnummer **00 800 6 7 8 9 10 11** [oder, falls Sie von außerhalb der EU anrufen, über die gebührenpflichtige Nummer (32-2) 299 96 96] sowie per E-Mail (via **http://europa.eu.int/europedirect**) erreichen.

Für Auskünfte und Veröffentlichungen über die Europäische Union in deutscher Sprache wenden Sie sich bitten an:

VERTRETUNGEN DER
EUROPÄISCHEN KOMMISSION

Vertretung in Deutschland
Unter den Linden 78, D-10117 Berlin
Tel. (49-30) 22 80-2000
Fax (49-30) 22 80-2222
Internet: www.eu.kommission.de
E-Mail: eu-kommission-de@cec.eu.int

Vertretung in Bonn
Bertha-von-Suttner-Platz 2-4, D-53111 Bonn
Tel. (49-228) 530 09-0
Fax (49-228) 530 09-50
E-Mail: eu-bonn@cec.eu.int

Vertretung in München
Erhardtstraße 27, D-80331 München
Tel. (49-89) 24 24 48-0
Fax (49-89) 24 24 48-15
E-Mail: eu-muenchen@cec.eu.int

Vertretung in Belgien
Archimedesstraat 73, B-1000 Brüssel
Tel. (32-2) 295 38 44
Fax (32-2) 295 01 66
Internet: europa.eu.int/comm/represent/be
E-Mail: represent-bel@cec.eu.int

Vertretung in Luxemburg
Bâtiment Jean Monnet, rue Alcide De Gasperi
L-2920 Luxemburg
Tel. (352) 43 01-34925
Fax (352) 43 01-34433
Internet: europa.eu.int/luxembourg
E-Mail: BURLUX@cec.eu.int

Vertretung in Österreich
Kärntnerring 5-7, A-1010 Wien
Tel. (43-1) 51 61 80
Fax (43-1) 51 61 83 52
Internet: europa.eu.int/austria
E-Mail: burvie@cec.eu.int

BÜROS DES EUROPÄISCHEN PARLAMENTS

Informationsbüro für Belgien
Wiertzstraat 60, B-1047 Brüssel
Tel. (32-2) 284 20 05
Fax (32-2) 230 75 55
Internet: www.europarl.eu.int/brussels
E-Mail: epbrussels@europarl.eu.int

Informationsbüro für Deutschland
Europäisches Haus
Unter den Linden 78, D-10117 Berlin
Tel. (49-30) 22 80-1000
Fax (49-30) 22 80-1111
Internet: www.europarl.de
E-Mail: EPBerlin@europarl.eu.int

Informationsbüro für Deutschland
Erhardtstraße 27, D-80331 München
Tel. (49-89) 202 08 790
Fax (49-89) 202 08 79 73
Internet: www.europarl.de
E-Mail: EPmuenchen@europarl.eu.int

Informationsbüro für Luxemburg
Bâtiment Robert Schuman,
Place de l'Europe, L-2929 Luxemburg
Tel. (352) 43 00-225 97
Fax (352) 43 00-224 57
Internet: www.europarl.eu.int
E-Mail: EPLuxembourg@ europarl.eu.int

Informationsbüro für Österreich
Kärntnerring 5-7, A-1010 Wien
Tel. (43-1) 51 61 70
Fax (43-1) 513 25 15
Internet: www.europarl.eu.int
E-Mail: EPWien@europarl.eu.int

Vertretungen und Büros der Europäischen Kommission und des Europäischen Parlaments bestehen auch in den übrigen Ländern der Europäischen Union. Delegationen der Europäischen Kommission bestehen in anderen Teilen der Welt.